겸손의 꽃

겸손의 꽃

초판 1쇄 발행 2024년 11월 22일

지은이 서동주
펴낸이 장길수
펴낸곳 지식과감성#
출판등록 제2012-000081호

교정 김나현
디자인 강샛별
편집 강샛별
검수 김지원, 이현
마케팅 김윤길, 정은혜

주소 서울시 금천구 벚꽃로298 대륭포스트타워6차 1212호
전화 070-4651-3730~4
팩스 070-4325-7006
이메일 ksbookup@naver.com
홈페이지 www.knsbookup.com

ISBN 979-11-392-2220-3(03810)
값 12,000원

- 이 책의 판권은 지은이에게 있습니다.
- 이 책 내용의 전부 또는 일부를 재사용하려면 반드시 지은이의 서면 동의를 받아야 합니다.
- 잘못된 책은 구입하신 곳에서 바꾸어 드립니다.

지식과감성#
홈페이지 바로가기

겸손의 꽃

시/사진 서동주

詩와 명언

꽃에서 겸손을 담다　　꽃에서 禪을 담다
꽃에서 지혜를 담다　　꽃에서 詩를 담다

詩

꽃이 있어 詩가 있어 매일 감사합니다

人生 修養書

겸손을 열며

해 뜨기 전 먹구름 다가와
조롱박 수염 건드니
수양 덜 된 나는
꽃이 피기 전 겸손을 닦는다
떨리는 손 책장을 넘기니
오활했던 나 채근을 한다
이제 와 보니 나는
헛된 이슬이었다
배움이 병들었으니
어서 꽃을 보고 겸손을 익혀 본다

謙遜(겸손)하니 하늘에서 福(복)을 준다 - 雲山

들어가기 전

가난하다고
탓하지 마라
뒤처졌다고
낙담하지 말라!

천지는
너를 돕는 게 많고

꽃잎과 풀빛은
진리를 뜻하는 문장이란다

이 책이
너의 물욕을 없애고

깨닫는
지침서가 되어

곧
너를

산을 품은
신선이 되게 하리라

저자 운산

목차

겸손을 열며 … 5
들어가기 전 … 7

1부 지금이 겸손할 때입니다

꽃을 보라	14	숨어서	28
詩客시객	15	해바라기	29
꽃 선생	16	죄와 벌	30
꽃집	17	호박꽃도 꽃	31
너만 꽃	18	참나리꽃	32
예쁠수록 겸손	19	노년	33
장미 인생	20	무상	34
꿀 따는 벌	21	훈교	35
心 수행	22	억새	36
모습	23	빈천	37
품	24	빈손	38
꽃들	25	꽃나무	39
나팔꽃 한 쌍	26	비천	40
합창	27	낮춤	41

참수행	42	폭설	61
핸드폰	43	홀로	62
佛불	44	능소화	63
하얀 꽃	45	불효자	64
질경이	46	달맞이꽃	65
행복	47	쮸쮸 초롱이	66
겸손 인생	48	천국	67
懺悔참회	49	修女入門수녀입문	68
외딴집	50	암자	69
명예	51	인생의 원점	70
나를 포기하지 마라	52	하얀 나비	71
밤에 피는 꽃	53	天生緣分천생연분	72
연분	54	立春大吉입춘대길	73
짝	55	處世처세	74
속세 꽃	56	모실 다방	75
언행	57	시련	76
인연들	58	책방	77
수국	59	因緣인연	78
그대 꽃	60		

2부 꽃 책 보고 마음을 닦는 중입니다

修攘수양	80	절	101
칡넝쿨	81	하얀 무궁화	102
틈새	82	사랑	103
입술	83	春봄	104
백일홍	84	코스모스	105
채송화	85	봄 사주	106
손주야	86	민들레꽃	107
정자	87	진달래	108
참깨	88	개나리	109
노란 배추	89	할미꽃	110
대추차	90	내 꽃	111
두부김치	91	명언	112
꽃 타령	92	시골 교회	113
친구들아	93	수선화	114
장미	94	철쭉꽃	115
꽃집	95	꽃잎아	116
홀씨	96	순리로 살아라	117
權力권력	97	둘	118
修養수양	98	갈대	119
제자들아	99	겨울 산	120
노쇠	100	인연의 꽃	121

꿈 몽	122	삼라만상	138
하늘 신	123	가난도	139
꽃 인연	124	보라 꽃	140
松木송목	125	꽃아	141
노을	126	웬수	142
허수아비	127	담장에 핀 꽃	143
길가	128	나뭇잎	144
壽如山수여산	129	꽃 마음	145
철길	130	오월동주	146
빈 마음	131	접시꽃	147
한 송이	132	雲山운산	148
꽃님	133	또다시	149
헌 집 관상	134	冬安居동안거	150
선녀의 글	135	고목	151
내수양	136	맺는 말	152
一하나	137		
		마무리 글	153

1부

지금이
겸손할 때입니다

人生 修養書

꽃을 보라

꽃들은
말함도
화냄도
성냄도
모른다

겸손을
꽃에서
배운다

감흥에 젖고
집착을 버리는 것을
발견한다

청렴한 생활
인격 수양을
꽃에서 배운다

겸손의 꽃을 여는 순간
당신은 仙子(선자)입니다

> 謙遜(겸손)을 몸에 품고 살아라! - 雲山

詩客시객

시문을 찾아 삼천리
방방곡곡을 나섭니다
시는 만물과 함께 숨어 있습니다
시는 보물입니다

버려진 꽃
홀로가 된 꽃
욕됨도 없이 사는 꽃에서
시객은 머리 숙여 겸손을 배웁니다

나를 내세우지 않는 꽃은
늘 나의 스승이자 은사입니다
오늘도 꽃들과 대화하며 배웁니다
허물 많은 나 꽃님에게 합장해 인사합니다

> 도덕을 지키면 처량하게 될 일이 없다 - 雲山

꽃 선생

꽃 앞에 겸손하니
돈 앞에 겸손하고
어른 앞에 겸손하구나

꽃이 숙이니
나도 숙이고
너도 숙이게 하는구나!

謙遜 入門 中입니다 - 雲山

꽃집

시에 꽃 들어 있으니 시집이요
집에 꽃 들어 있으니 꽃집입니다

謙遜 人生 겸손인생

人生(인생)은 한 송이 꽃이다 - 雲山

너만 꽃

누가 묻거든
내가 찍었으니
너만 꽃이다 하거라

謙遜 修行 겸손수행

말하기言事를 꽃처럼 해라 - 雲山

예쁠수록 겸손

저물어 가는 인생
겸손의 지혜는 당신
호주머니에 들어 있습니다

한창 청춘인 그대
지성과 인격은 당신
마음속에 있습니다

꽃을 좋아하는 당신은
청춘일 때 해 질 무렵
꽃보다 못하다는 겁니다

지금부터 머리 숙여
꽃에서 謙讓(겸양)을 배워 갑니다
겸손은 지금부터 하는 것입니다

겸손하려면 머리부터 숙여라 - 雲山

장미 인생

나비보다
더 예쁜 장미

화낼 줄도 모르고
비밀 이야기도 안 한다

고운 입술
십여 개가 넘지만

부유한 사람
두려워하지 않는다

외로운 날엔
이슬을 먹고

취하고 싶을 땐
소나기를 마신다

명예와 權勢(권세)는 영원치 못하다 - 雲山

꿀 따는 벌

대롱
대롱
매달려
꿀 따는 벌

봄이
꽃을 만드니
엉겅퀴
꿀을 털리는구나!

순응하는
네 모습
뜻밖에
공명하니

이제
벼슬
내려놓고
자연으로 간다

> 책 속에서 낮춤을 배우는 중입니다 - 雲山

🌺 心 수행

아들아
내가 지옥에 가 보니
눈매 사납고 목소리 사나운
빌어먹고 온 놈들이 가득하구나

그저
숙이고
수행해라

화냄도
성냄도
죄이니

그저
입 닫고
수행해라

더럽고
상처받는 일을 보아도
인내하거라 참을 忍(인)이 수행이다

> 덤으로 사는 인생, 바랄 것도 많구나 - 雲山

모습

활짝 웃는 모습이 – 당신 닮았습니다

당신이 꽃이니 – 매일 감사한 날입니다

품

나는
봄인데

당신은
벌써 꽃이구려

꽃 이름 몰라
다가서지 못하는데

당신은 벌써
내 품에 와 있군요

눈웃음 가득하니
나는 이미 당신 것입니다

남을 卑下(비하)하지 말고 베풀어라! - 雲山

꽃들

봄날에 피었으니
나의 꽃이오

흔들리지 않으니
나의 꽃이요

나를 반하게 했으니
내 꽃이다

빌어먹어도 財物(재물)을 탐하지 마라 - 雲山

나팔꽃 한 쌍

담장
삭막하건만

어렵게
자리 잡았습니다

한 쌍의
나팔꽃은

천수를 바라보고
사랑하고 있습니다

재물을 구하지 않아도 되며
운수가 좋아 심신이 편안합니다

몰래 사랑하니
행복은 두 배입니다

分數(분수) 밖의 일은 꾀하지 마라 - 雲山

합창

이슬 매달려
분홍색 건드려 보지만

사랑을 해 본 적이 없는
나팔꽃은 절개를 지킨다

닭이 울고 소가 울어도
담장을 나란히 지키는 남매들은

가난한 삶
여름날 합창하며 즐겁게 보냅니다

散亂(산란)한 사람은 꽃을 모른다 - 雲山

숨어서

숨어서
세상 살피니

어둡고
산란하구나

깨우치려
추한 것 버렸지만

꽃이 풀에
얽매였구나

道理(도리) 있게 살면 때가 되면 꽃이 핀다 - 雲山

해바라기

둥근 꽃
해를 보고
동쪽으로 향했네

그대는
양지의 꽃
해바라기

관상이
티 없이 둥글하니

재물 복에
자손이 많고
며느리 복까지 있구나

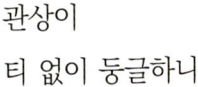
인생의 지름길은 智慧(지혜)이다 - 雲山

죄와 벌

천둥소리
울려오니

울던 매미
숨어 버리고

축 처진 나무들
혼쭐나고 있네

낙뢰가 번쩍이니
놀던 구름 사라지고

죄 많은 놈들은
바짝 엎드려 떨고 있다

마음을 비울수록 德(덕)이 차곡차곡 쌓인다 - 雲山

호박꽃도 꽃

긴 호박인지
둥근 호박인지
알 수는 없다만

꽃 모양이
할미꽃보다
어여쁘구나

네가 커서
국거리 되는 날
어머니 손 떨리겠구나!

난 이미 네 운명을
점치는데
너는 효자이자 애호박이다

後悔(후회)되는 일을 만들지 마라 - 雲山

참나리꽃

활짝 핀 왕관의 꽃
보면 볼수록 반하니 아름답구나
흔들리지 않으니 절개의 꽃이로구나!

사랑은 달다가 쓴 것, 헤어짐을 조심해라 - 雲山

🌺 노년

온갖
빛깔 좋았는데

꽃 같은 세월
다 지나가니

가을 샘
무릎까지 찼구려

담쟁이덩굴
처마에 걸렸으니

내 인생
즐거움이 없네요

영감님 정분 뗀 지 오래이니
몸단장 부질없구려

> 인생은 깨달음이다, 명산에 기도하거라 - 雲山

무상

무상
세계에서
떠돌다가
어머님
품속에서
나오니
마당 넓은 초가집에
뒤에는 묘산이 있었다
태양은 내리쬐고
구름은 노닐고 있었다
밤이 되니 할아버지
마당에 멍석 깔고
쑥을 태워 모기를 쫓고 있었다
하늘엔 별과 달이
수를 놓으며
짝짓기를 하고 있었다
울타리에 앵두, 감나무와 살구나무가 있고
주름진 할머니 엄마 아빠 누이들이 있는 걸 보니
이곳은 분명 낭만이 있는 천국이었다

마음을 내려놓으면 천국이 보인다 - 雲山

훈교

일어나라
흰 눈을 보라

하얀 눈은
천지의 진리요

눈 쌓인 소나무는
지혜의 가르침이다

네가 너를
점치려 하지 말고

하늘에 순응하고
神(신)에게 감사하며 살아라!

본성이 착하면 神이 와서 돕는다 - 雲山

억새

바람에
억새 날리니

들판의 벼
절로 익는구나!

숨었던 참새
몰래 맛을 보니

다가온 가을
틀림없구나

늙은 억새 나를 보니
너나 나나 同甲(동갑)이구나

늙지 않으려면 自然(자연)으로 가라 - 雲山

빈천

태어나 보니
주변이 황무지였습니다
밥을 굶는 건 예사였고
농사할 땅도 없었습니다
청춘 때 배우지 못하고
살아 보니 인복 돈복도 없었습니다
하늘을 쳐다보니
나를 살려 줄 아비도 없었습니다
이것저것 전전하다가 지리산 찾아 들어갔습니다
높은 고목들 본체만체하고
새들은 나를 놀려 대고 있었습니다
물과 풀로 끼니를 때워 가며
어리석은 지은 죄 참회하며 기도로 살고 있습니다

智慧(지혜) 있는 사람을 가까이해라 - 雲山

빈손

바랄 수 없으니 바라지 마라
가질 수 없으니 가지려 하지 마라
내가 빈손이니 흡족한 것이로다

겸손한 배우자 돈을 주고도 살 수 없다 - 雲山

꽃나무

뿌리는 믿음
줄기는 사랑
꽃은 행복이다
이대로가 좋다

꽃처럼 속임 없이 살아라 - 雲山

 ## 비천

내가
비천하게 살 때
사람들은 나를 업신여기고

내가
짚신과 베옷을 입고 다닐 때
사람들은 눈을 깔고 보았고

내가
병들고 돌보는 자식이 없으니
젊은것들이 어르신이라 부르지 않는다

내가
잘못 산 것이고
인생 헛산 것이다

천 리 타향에 고독한 것은 다 내 탓이다 - 雲山

 ## 낮춤

꽃이 절로
고개를 숙이니
다툼할 일이 없고

꽃이 절로
낮추고 사니
악의 근원을 만들지 않는다

부족하거든
꽃을 보고
마음을 다스려라!

마음이 산란하면 꽃을 보아라 - 雲山

참수행

하루 두 번
땔감을 모아 오고

하루 두 번
장작을 패고

하루 두 번
끼니를 해결하니

이것이
참수행이로다

수행은 나를 낮추는 것으로부터 시작한다 - 雲山

핸드폰

엄마 몰래
핸드폰 열고

난 어리지만
일찌감치 터득한다

세상이 궁금하고
어리둥절한 게 많다

도덕은 멀고
오락은 가깝다

어른들아
채찍질하지 마오

때가 되면
도덕경 입문할 테니

권세가 있다면 행실과 몸가짐을 조심해라 - 雲山

佛불

첩첩산중에
너 홀로이니

침입해 온
욕망 버리고

지금 기도하라
미리 참회하라
禪(선)으로 정진하라

德(덕)을 기르면 행동이 조심스럽다 - 雲山

하얀 꽃

그대 가슴에
내가 좋아하는 하얀 꽃을 심는다면
그리움 없이 행복하다고 말하겠소

원수를 만들지 않으려면 本分(본분)를 지켜라! - 雲山

질경이

얼마나
밟고 갔을까?

얼마나 많이
짓밟고 갔는가?

하도
하도

밟고 지나가 버려
셀 수도 없다

利慾(이욕)이 많으니 道(도)에서 멀어지는구나! - 雲山

행복

담장에서 피든
거리에서 피든
나에게 눈길만 주면 행복합니다

지금 행복한 것은 조상의 恩德(은덕)이다 - 雲山

겸손 인생

합장하며
고개 숙이니

하늘 아래
꽃이로다

땅을 섬기니
마음이 겸손하구나

겸손이 몸에 익숙하면 敵(적)이 생기지 않는다 - 雲山

懺悔참회

산이 부르지 않으니
오르기 어렵고
우주의 신비를 모르니
신을 가까이하기 어렵다
자신이 뛰어나다고 하니
입은 옷이 늙은이 같고
성품이 어질지 않으니
세상 마음대로 즐기네
병사가 도래하면
호방한 지난날을 후회할 텐데
오막살이집에서
논밭 갈며 초탈하게 살거라

책이 나를 내림을 알게 합니다 - 雲山

외딴집

산 높고
집 낮으니

바랄 것도
원하는 것도 없다

내 家居(가거)하는 것은
朝廷(조정)이 싫어서이다

> 징역 갈 수 있으니 政治(정치)하지 마라 – 雲山

명예

禪(선)을 메고
뒤돌아보지 말고
앞만 보고 가라

사랑도 한때
행복도 한때
즐거움도 한때

지나가 보니
헛된 명예이더라

人生(인생)은 한 줄에 불과한 스토리이다 - 雲山

나를 포기하지 마라

못생겼다고 포기하지 말며

돈이 없다고 포기하지 말고

소질이 없다고 포기하지 말고

의지가 없다고 포기하지 말라

더러운 땅에도 초목은 무성하고

물고기에게는 지나치게 맑은 물이 좋은 것만은 아니다

부족한 것은 채우고 구하면 된다

한때 곤궁한 것은 노력하면 된다

나를 너무 비관하지 마라

내가 서툴다고 너무 탓하지 마라

지금을 만족할 줄 알면 神仙(신선)이다

> 참된 마음이 나타나면 그것이 眞理(진리)이다 - 雲山

밤에 피는 꽃

하늘 보며
행복하게
잘 살고 있구나

꼭꼭 숨어
밤에만
피는구나

누군가 부르면
밤중엔
나서지 말아라!

神(신)은 네가 있다고 만든 것이다 - 雲山

연분

천천히 보니
전생 인연 같고

오래 보니
너무 예쁘고

가까이 보니
사랑스럽다

백발에 이르러도
후회가 없겠구나

德(덕)과 禮(예)를 갖추었으니 큰 재물을 얻는다 - 雲山

🌷 짝

하는 짓이 예쁘니
견문 넓은 꽃이 맞다

고르고 고르다
이제야 제짝을 찾았으니

이젠, 눈을 감아도
걱정되지 않는다

> 知慧(지혜)가 없으면 어리석음을 만든다 - 雲山

속세 꽃

나팔꽃도 꽃이요
홀로 있는 꽃도 꽃이다

눈 씻고 보아도
속세 떠난 꽃은 처음 보았다

내 생의 후반이 어떻게 될지 생각해 보아라 - 雲山

언행

그대가 받아만 준다면
지금 바로
아름다운 꽃이 되리라

남의 허물을 들추지 마라! 모른 채 살아라! - 雲山

인연들

바람에 흔들거려도 꽃은 핀다
유혹하는 밤에도 꽃은 자란다
정숙한 꽃이기에 절개가 높다

謙遜 修行中 겸손 수행중

억지로 인연을 만들지 마라! 우환이 따른다 - 雲山

수국

풀 밑에
한 그루
수국이여

오가는
행인에게
인사하지 마라

예쁘다
나보다 예쁘다 하면
잘라 갈 수 있으니

꽃을 공부하니, 아귀다툼할 일 없구나 - 雲山

그대 꽃

꽃들이
하늘 아래
가득한데

그리운 사람아
올 때가
멀었는가

성냄 없는
그대가
보고 싶구나

아첨하는 사람은 언젠가는 배신한다 - 雲山

폭설

산골 오지
폭설이 와
산중에 묻혔구나

다람쥐와
청솔모는 잘 있는지
싸리문 열지 못하고

달도 구름에 묻히니
오늘만은
내 벗이 없구나

아집과 고집 부리다 기회 놓친다 - 雲山

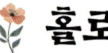 홀로

청춘 가니
세월 빠르고

주름 느니
옛날 사람 되었구나

논밭에 나오니
영감 생각 절로 나고

질통이 무거워
눈물이 납니다

인생은 末年(말년)이 더 중요하다 - 雲山

능소화

입술 넓어
여름 즐기니

견디지 못해
담장에 피우네

내 꽃잎 떨어지면
추분(秋分) 오지만

그대 오는 날이
추석(秋夕)인가요

마음을 비우면 四方(사방)이 길하다 - 雲山

불효자

속만
썩여 온 자식은

말로 효도
천 번 하고

입으로 효도
만 번 하면서

내가 효자라며
큰소리 뻥뻥 칩니다

내가 낳은 자식 마음
부모가 다 압니다

담장에서 들은 능소화는
들었어도 못 들은 척 엿보기만 합니다

불효는 罪(죄)이니 살아 있을 때 잘하라! - 雲山

달맞이꽃

초저녁
달빛을 기다리다가

밤하늘의 기운을
받고서야 꽃잎을 연다

먼저 자란 붉은 두 줄기는
새 밥 되지 않으려 낮이면 꽃잎을 닫는다

물소리 매미 소리 들으며
구름과 한가하게 담소를 나누며 세상을 만끽한다

한 푼 들지 않는 삶
이곳이 천국임을 이따금 새들에게 알려 준다

성공할 수 있으니 자포자기하지 말라 - 雲山

쭈쭈 초롱이

토라져
말하기 싫다

이기려 하고
빼앗으려 한다

딱 보아도
배다른 형제

고독해질 수 있으니
오늘 내로 화해하라

성급하게 서둘지 않으니 집안이 和平(화평)하다 - 雲山

천국

내가 천국에 가 보았더니
신수가 훤한 분들이 많구나!

살아생전 좋은 일을 많이 해서인지
구슬 꿰고 그림 보며 신선놀음하는구나!

지은 죄 번뇌하면 死後(사후) 천국이다

> 의심과 貪慾(탐욕)이 재앙을 만든다 - 雲山

修女入門 수녀입문

수녀 하러 가련다
모든 것을 내려놓고
서늘한 단풍들
나를 맞이해 주고
나무들 말없이 고개 숙이니
벌레들 새벽까지 간절히 울고 있습니다
아침에 찬 서리 내 뺨을 스치고
이제야 모난 내 모습 알 것 같습니다
친구들 형제들
괴롭히는 일 없으니 잘되었다 할 것이고
신세 진 딱 한 사람
입이 써서 말 못 합니다
속세를 떠나 숲속에 오니
우는 나를 처사가 바라보고 있습니다

> 修行(수행)은 나와 싸우는 것, 참고 견디어라 - 雲山

암자

백중인데
스님은 안 보이고
암자에 신도들 뜸합니다

약수터의
빈 물은 떨어져
부처님 공양 기다리고

높은 갓 쓴 소나무
글 선생 알아보고
대웅전 안내합니다

나무아미타불

> 恩德(은덕)을 베풂에 報答(보답)을 바라지 마라 - 雲山

🌸 인생의 원점

인생의 시작점과
인생의 끝은 어디인가?
복잡한 인생사
마음의 감정도 고민도 많다
인생은 삶이 깊을수록
반복 후회되는 것이다
한 줌의 흙
한 줌의 재에 불과한 인생
무엇을 얻으려
생전에 그렇게 치열하게 살았던가?
내려놓는다는 것이 그리 쉬운 건가
회귀본능도 잃어버린 인생사
인생의 원점도 인생의 끝점도 안 보인다
그렇다면 내 인생의 도착점을 생각해 보라

> 불행과 행복은 내가 만드는 것, 쓴 것이 약이다 - 雲山

하얀 나비

맑은 대낮

엉겅퀴에

하얀 나비

앉았으니

세월은

내 편이고

분홍색

약초는

네 편이구나

子孫(자손)이 藥草(약초)이고 뿌러다 - 雲山

天生緣分 천생연분

예쁜 꽃
겉모양은
당신 닮았고

꽃밥과
수술대는
나를 닮았네

말 안 해도
천생연분

때론 뒤로 물러설 줄도 알아야 한다 - 雲山

立春大吉 입춘대길

소나무
틈새에
노란 꽃
복수초

이른 아침
봄을 알리니
立春大吉
金玉(금옥)이 집에 가득하리라

> 恩惠(은혜)를 박하게 베풀지 마라 - 雲山

處世처세

효도를 하였는가?
은혜를 베풀어 보았는가?
덕을 베풀어 보았는가?
본성이 온전한가?
남을 대할 때 자상한가?
원수를 만든 적은 없는가?
몸가짐은 깨끗한가?
형제간에 우애 있게 사는가?
오늘부터 적수를 만들지 말고 용서하며 살아야 합니다

> 지쳤을 때 이 책에 집중하라 길이 보인다 - 雲山

모실 다방

못났어도
예쁘다 하고

쓴 커피
맛있다 하고

시골 마을
모실 다방

꽃들은
어디 갔는가?

김 마담 미스 리는
마지막 외상값 적어 놓지도 않고 떠났네

언젠가는 떠나는 몸, 慾心(욕심)으로 살지 마라 - 雲山

시련

딱한 처지
누워 이슬 먹고 자랍니다
금수저 양반들 (나를 부탁하오)

謙遜 爲福 겸손 위복

고통을 견디는 것도 修行(수행)이다 - 雲山

책방

원두막 책방
밝기를 기다린다
손님을 기다린다

모바일 세상

초가도 지붕도
대들보도
울상이다

德(덕)과 은혜를 베풀면 당신이 政丞(정승)이오 - 雲山

因緣인연

인사를
먼저 했더니
이웃이 되었습니다

이름을
소개했더니
친구가 되었습니다

담소를
나누었더니
연인이 되었습니다

모든 生(생)은 因緣(인연)입니다 - 雲山

2부

꽃 책 보고
마음을 닦는 중입니다

苦樂에서 나온
인생 指針書

修攘수양

식음을 사양하고

욕심을 타파하고

마음을 내려놓고

말씀을 존중하고

육신을 낮추고

德談(덕담)을 보고 배우니 修攘(수양)되더라

> 배가 부르면 수양과 멀어진다 - 雲山

칡넝쿨

하늘
쳐다보니 높고

내려오자니
존심이 상하고

이래봬도
칡넝쿨인데

아랫것들에게
잘난 척했는데

분수를 지키지 못해
사방이 불길하도다

德(덕) 자라게 過失(과실)을 들추지 마라 - 雲山

틈새

내 땅
1cm
얻기 힘들어

담장 아래
뿌리 내렸다

아무리
내 팔자이지만

도 닦고
꽃 피우기 어렵구나

노예 같은 삶터
관음보살 오길 기다린다

한 문장에서 나를 깨우치게 하다 - 雲山

입술

그대가 받아 준다면
입술이 아름다운
빨간 꽃이 되어 주겠소

꽃을 울리지 마라! 반드시 곤함이 생긴다 - 雲山

백일홍

널 보면
설레는 마음

유독
100일간 떨리니

논 모퉁이
갈 적마다

아는 체
인사한다

虛慾(허욕)을 탐하니 아름다운 꽃이 아니구나 - 雲山

채송화

버려진
채송화야

거리에
꽃이 되어

시비할
일이 많겠구나

나도 버려지면
너처럼 피어날 수 있을까

僞善(위선)이 나를 그릇되게 한다 - 雲山

손주야

너는 어른의 씨앗이고
조상의 씨앗이구나
네가 밝기를 맑은 하늘 같고
심성이 깊은 바다 같구나
훌륭한 인물은 仁(인)과 德(덕)에서 나오니
공부에 애쓰지 말고
틈나는 대로 문장을 가까이하거라
대나무로 지은 집도
달빛과 별빛이 풍만하니
理致(이치)대로 살고 서두르지 말거라

> 새의 지저귐도 벌레 소리도 진리의 깨달음이다 - 雲山

정자

단풍들
나이 들어
푸념 나누니

정자에
늙은 사람
가고 없구나

벗할 사람
사귈 사람
누구겠는가

가을 오자
서늘한 산
모두가 한탄이네

머리 숙여 謙遜(겸손)하라! 늙으면 후회한다 - 雲山

참깨

깨꽃이
고개 숙이니

그래서
고소하구나

깨꽃에
詩(시)를 쓰니

그래서
구수하구나

힘들면 다 놓고 隱居(은거)하거라 - 雲山

🌷 노란 배추

노란 배추
양념을 더하니

속궁합이
새댁 같구나

김치 익는 날
合邦(합방)하니

立冬(입동)에
반드시 아들을 얻는다

마음에 근심이 없으면 태평함을 알게 된다 - 雲山

대추차

대추차에
잣 떨구니

향은
숫처녀 향이요

빛깔은
숫총각 닮았네

가슴 헤친 처녀
근심 걱정 풀었네

책 속에서 知慧(지혜)를 배우고 있습니다 - 雲山

두부김치

인생은
막걸리

운명은
두부김치

너와 나는
한 몸

먹고 마시며
즐겁게 살자

過飮(과음)이 敗家亡身(패가망신)의 원인 - 雲山

꽃 타령

내 맘에 꽃이 없고
내 곁에 꽃이 없으니
세상이 毒(독)이로구나

낮춤이 '곧' 겸손

늦기 전에 한가로울 때 나를 바꾸어라 - 雲山

🌺 친구들아

세상엔
오만한 사람도 많고
이승엔
원수 같은 놈들도 많고
장안엔
등치는 놈들도 많다
숲의 솔바람도
바위틈의 샘물 소리도

오색의 구름과
홍광의 달빛도 보지 못하니
근본을 갖춘
학문을 벗으로 삼는 이를 보기 어렵구나
친구들아
곤궁한 생활도 만족하라
福(복)은 하늘을 받들 때 생기는 것이고
겸손하면 困窮(곤궁)한 생활이 없어진단다 - 雲山

장미

친숙한
향기

다가가 보니
장미

그대
오는 날

향기째
가져갑니다

> 운산 선생은 病者를 돌봤던 義人이며
> 인격 수양을 지도하는 仙人입니다 - 雲山

🌷 꽃집

문밖에
누가 찾거든
노란 꽃이라 말하고

문밖에
누가 부르면
장미꽃이라 말하세요

문밖에
도적이 왔거든
온천지가 꽃밖에 없다고 말하세요

人生樂天(인생낙천) 天命(천명)을 깨달아라! - 雲山

홀씨

흐린 날
바람이
나를 찾으니

홀씨
산들거리며
좋아합니다

운명은
열흘 넘게
이어져 가는데

노란 꽃
늪지를 바라보며
걱정을 깊이 하고 있습니다

厚德(후덕)한 사람은 일을 서둘지 않는다 - 雲山

權力권력

당신은 가장으로서
가정을 다스립니까
당신은 우두머리로서
조직을 다스립니까
당신은 왕으로서
백성을 다스립니까
당신은 당신 스스로 태양이라고 생각할 것입니다
당신 위에는 아무도 없습니다
당신 속에는 혈기만 가득하고 도덕의 마음이 없습니다
권력으로 부귀와 영화 얻었다면 오래도록 가지 않습니다
욕망을 버리고 자연에 은거하면 삶의 욕됨이 없습니다
天과 山을 섬기며 마음을 다스립시오
태어나기 전 당신은 권력자가 아니었습니다
죽은 후에는 흙과 재에 불과합니다

> 권력에 취하면 언젠가는 재앙을 만들고 만다 - 雲山

修養수양

당신은
오만하지 않습니까?
돈과 재물이 많다고
성공하는 것이 아닙니다
태평한 세상을 살려면
품행이 올바르고
대인 관계가 원만해야 합니다
겸손한 마음을 갖고
날마다 감사할 줄 알아야 합니다
善行(선행)을 늘 베풀고
은혜에 감사할 줄 알아야 합니다
쇠를 다루듯
심신 수양을 단련해야 합니다
무엇이 참된 삶인지 省察(성찰)하며
언행을 신중히 하며 덕성을 길러야 합니다
一日五省(일일오성)
하루 5번 자신이 한 행위가 맞는지를 돌아보아야 합니다

> 輕率(경솔)한 사람은 成功(성공)하지 못한다 - 雲山

제자들아

내가 지하에 갇혀 수행을 하는데
겉은 멀쩡하나 속은 버러지 같은 놈들이
속세를 속이고 왔더라
공덕은 쌓지 않고 먹는 것에만 몰두를 하니
산짐승이라 할 수 있다
몸은 귀하고 안중만 생각하니
길들이기 힘들구나
힘자랑하고 怨恨(원한)만 만드니
만세를 누릴 수 없구나
제자들아 너희들은
欲望(욕망)을 버리고 德(덕)을 기르며 살거라
인생은 한 번의 機會(기회)이다

> 力(힘)자랑 빽 자랑 모두가 늙으니 소용없더라! - 雲山

노쇠

중년 지나고 77이나 먹었습니다
여인들을 거느리는 탤런트였습니다
파란만장한 삶을 살아왔습니다
늙은 노새가 되어
인생의 음지가 되고 보니
이리저리 뒹굴며
산 약초를 따 봅니다
그걸 먹어 본들
약효가 없습니다
잘나갈 때 몸의 원기가 소진되었습니다
낫지 못할 죽을병 젊어서 만들었답니다
인생은 늘 후회 덩어리입니다

젊어서 만든 病(병) 名藥(명약)이 없다 - 雲山

🌷 절

하얀 눈
절을 삼키니

부처님
온데간데없고

좁은 마당
눈 쓸던 동자승도 안 보입니다

추위 타는
나무들만 머뭇거리고 있습니다

> 꽃 詩(시)를 耽讀(탐독)하니 늙을 새 없구나! - 雲山

하얀 무궁화

내가 너를
좋아하는 것은

하얀
꽃이어서가
아니다

무궁화
꽃이어서다

순백하니
부처 같구나

꽃 앞에 서니 謙遜(겸손)해진다 - 雲山

사랑

사랑은
늘
속이는 것

사랑은
늘
속아 주는 것

그래서
사랑은
달콤하다가 쓴 것

사랑은 꿀물, 달면 삼키고 쓰면 버린다 - 雲山

春봄

어머님
대문 앞에서

묘하게
주무시니

말 걸기 뭐해서
그냥 지나칩니다

겹옷 입고
봄을 쬐시는 사이 둑방 매화꽃 차례차례 핍니다.

> 吉(길)한 사람은 하늘이 돕는 것이다 - 雲山

코스모스

코스모스
외로우니
한 잎 떨굽니다

주변에
얽매인 것 없는데
하늘빛 꿰뚫어 봅니다

까닭 없이
외로워지는 건
홀로여서입니다

쏜살같은 세월, 怨恨(원한)을 만들면 무엇 할꼬 - 雲山

봄 사주

목련이
희고 고우니

마른 용이
물을 보는구나!

봄이 화하니
내 사랑도 화하구나

몸이 꽃 사이에 있으니
나비가 향기를 탐하는구나!

동쪽에 이웃이 있으나
서쪽에 있는 벗만 못하구나!

사월에 쓴 것이 가면
오월에 단 것이 온다

> 말을 좋게 하니 財祿(재록)이 쌓인다 - 雲山

🌷 민들레꽃

나무는
잘려 나가고

등골은
오싹하지만

나는
터를 잡았다

배짱 없으면
장미인들 꽃을 피울까

꽃에 벗할 사람 있으니
제발 白丁(백정)은 그냥 지나치게나

소망을 기도하니 神靈(신령)이 들어주리라 - 雲山

진달래

내 이름
분홍색
산꽃이라 부르고

얼굴은
그대
닮았으니

진달래
라고
부릅니다

오늘만 꽃이 아니고
그대가 있는 한 꽃이랍니다

겸양이 네 四柱(사주)이니 이익을 논하지 마라! - 雲山

 개나리

넌, 병아리
같지만

봄의 존재이고
아이들의 친구이다

넌, 눈웃음 가득한
잎새 없는 별꽃이다

넌, 편지 쓸 때
윗줄에 쓰이는 개나리란다

꾀로 사는 사람은 꾀로 亡(망)한다 - 雲山

할미꽃

내겐
줄 것도
가르칠 것도 없다

그러하니
할미꽃이다

단,
영감이 남긴

처방문
不老草(불로초)란다

효험이
의심된다면

약산에서 나를
내버려두거라

병든 이를 치료함은 恩德(은덕)이다 – 雲山

내 꽃

두말
할 것 없이
닮았으니
넌
내 짝

청춘 지났으니 淸廉(청렴)하게 살아라! - 雲山

명언

나는 꽃 위에
칭칭 감는 놈이 먼저다
하지만
올라탄 놈이 임자다

오전에 만든 慾心(욕심), 오후에 버려라! - 雲山

시골 교회

성경책
챙겨 들고

보리밭 사이
걸어갑니다

지친 농부
묵은 병 없애려 교회로 갑니다

신이여! 소원 들어주면
오막살이 벗어나리라

> 기도하는 척하고 福(복)을 달라네 - 雲山

수선화

산중에
풍경 소리 외롭고

여인네
흐느끼는 소리 슬프다

예쁜 수선화
나를 알아보니
슬퍼할 새 없다

꽃밭에 사니 榮華(영화)도 욕됨도 없다 - 雲山

 **철쭉꽃**

철쭉꽃
담장을 대신하니
집이 아름답구나

알몸인 소나무
색소폰 부니
관객이 봄이로구나

한식날
나그네
오묘한 이치 얻고 간다네

꽃을 가까이하고 誇示(과시)하는 사람을 멀리해라 - 雲山

꽃잎아

바람이 불면
울고 떠날걸

몸매가
예쁠 때

보여 주고
떠나라

長壽(장수)하려면 執着(집착)하지 말라! - 雲山

순리로 살아라

사회가 혼탁하고
갈수록 예는 사라지고 도덕은 땅에 떨어져 간다
이기적이고 아첨하는 자가 많아지면
흉흉한 사회가 되고 폭력적인 세상이 된다
해진 옷을 입어도 양심의 변화가 있으면 안 된다
눈앞의 모든 일이 잘될 것이라고만 생각하지 마라
아픔은 성공의 지름길이다
고난의 긴 겨울이 있고 나서 봄이 오고 꽃이 핀다
이것이 자연의 진리요 순리이고 얽매이지 않는 방법이다
저 산 아래 흐르는 강물을 보아라
순리를 역행하는지를 그리고 바라보아라!
성공하려면 야박하게 살지 말고 어둡게 살지 말라
꼭 명심해야 하는 것은 속이려 들지 말고
선을 앞세워 도덕적으로 살며 짚신 신고 낮추며 살아라!
남을 업신여기지 말고 엎드려 살아라!
높은 자리에 있거든 내려와라! 자연에 살면 화(火)가 없다

둘

둘이
닮았다

쌍둥이도
남매도 아니다

우리는 오래 사귄
사랑에 빠진 커플이다

꽃은 내 친구

집착 말라, 산이 높아도 구름은 걸리지 않는다 - 雲山

갈대

갈대가 늙으니
나처럼 쉬었고
억새가 늙으니
나처럼 희구나
회오리바람
남쪽에서 불고
찬 바람
북쪽에서 불어오니
점잖은 인생
늙으니 복잡하구나

政治(정치)하지 말고 隱遁(은둔)하며 살거라 - 雲山

겨울 산

흰 눈이 내려 백설기 같으니
어찌 겨울이 아니겠는가?

고드름 내려 쌓이니
산이 어찌 눈물 흘리지 않겠는가?

산은 아파도
순응하고 견디니

골짜기 운설
상관치 않는다

움막에 숨어 사는 나는
이제야 깨닫는구나!

> 山(산)은 修行者(수행자)를 끌어안는다 - 雲山

인연의 꽃

색깔을 보니
내 것이오

향기를 보니
내 것이 맞소

잎을 보니
정말 맞소

默言 修行 묵언수행

좋은 因緣(인연)을 함부로 버리지 마라 - 雲山

꿈 몽

아침에
동틈을 보니
이승이오

낮에
새들을 보니
천국이오

저녁에
어둠을 보니
저승 같소

꿈에
당신을 보니 龍宮(용궁)에 온 것 같소

자연 앞에 입 다물고 고개 숙이며 살아라! - 雲山

 하늘 신

높은
하늘도
神이요

비추는
태양도
神이요

밤에 본
별님도
神이다

그중에
달님만
祖上(조상)인데

죽어 보면 안다

하늘 보고 怨望(원망)하지 마라! 다~ 내 탓이다 - 雲山

 ## 꽃 인연

봄 같은 당신 꽃 같은 당신
녹색이 창창한 나뭇잎
지금 물이 올랐으니 봄입니다
벌들이 미친 듯
꽃을 희롱하니 봄이 맞습니다

전생에 나비였던 당신
오늘 꽃 만나 나와 노니니
내 눈썹 먼저 살펴봅니다
천만 번 바뀐 계절
이제 인연을 만나 상봉했습니다
옷에 꽃가루 쌓이는 줄도 모르고
고상한 성품답지 않게 꽃밭에서 놀고 있습니다
글재주 없는 여인
현자 만나 굶주렸던 사랑 나누고 있습니다

늦었다고 할 때가 봄春이다 - 雲山

松木송목

소나무
지조는
당신을 닮았고

푸른
솔잎은
나를 닮았네

등껍질
거북이 닮았으니
천년만년 변함없네

입으로 亡(망)하고 妄言(망언)으로 亡(망)한다 - 雲山

노을

바다는
노을을
싫어하지 않으며

나무는
지는 해를
미워하지 않는다

달빛은
깊은 밤을
두려워하지 않는다

神(신)이 우주에 있음을 死後(사후)에 알게 된다 - 雲山

허수아비

요즘
새 떼
허수아비
우습게 본다

요즘
허수아비
코로나로
마스크 쓴다

罪(죄)짓지 마라! 神(신)이 하늘에서 본다 - 雲山

길가

온갖 나무
잎이 나는데
소나무 왜 이러한가?

까치집
망루 위에서
위태로운데

日暖風和(일난풍화)
고목을 보니
오묘하기 짝이 없네

십 리 길가에
너나 나나
馬(말)을 버렸다

하늘의 부름이 있으니 죽을 때를 기약하지 마라! - 雲山

壽如山 수여산

소나무
휘어 쉬어

하늘로
솟지 못하니

내 煩惱(번뇌)
보는 것 같고

빈산에
기댈 데 없으니

나는 오늘 時句(시구)
모을 수 없네

하늘에
긴 수명 요하지 않으며

나는 고개 숙이며 살려 하네

> 누구 탓하지 말며 스스로 바르게 살라 - 雲山

철길

녹난 기찻길
봄을 기다리고

음지 녹아
물 맑으니

사방이
봄이로구나

상서로운 여인
철길 건너니 紅光(홍광)이로다

말과 행동 항상 謙遜(겸손)하게 처세하라! - 雲山

빈 마음

나는 항상 無(무)에서 시작한다
나의 출발점은 0(영)에서 시작된다
멋진 옷보다 해진 옷을 좋아해야 하며
천성은 항상 맑고 깨끗해야 한다

마음은 어느 때고
物慾(물욕)이 들어오지 않게 비어 있어야 한다.
나를 낮추고 살면
疾病(질병)을 걱정하지 않아도 된다

私利私慾(사리사욕)이 자리 잡으면
인품이 허물어지고 지혜가 생기지 않는다
생의 후반을 생각하고
나는 오늘 누구인가를 생각하며 살아가야 한다

> 멋 내는 배운 여자보다 겸손한 처를 얻어라 - 雲山

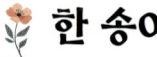 **한 송이**

한 송이
꽃이 되기 위해
100일을 기다렸고

당신을
만나기 위해
천 년을 기다렸소

精神 修養 정신 수양

영원한 것은 없다, 비우고 내려고 살아라 - 雲山

 ## 꽃님

웃는 꽃 보고
나도
웃습니다

숙인 꽃 보고
나도
숙입니다

꽃님이 겸손하니
나도 덤으로
겸손을 배웁니다

결손하면 復興三代(부흥삼대)한다 - 雲山

헌 집 관상

집은 집인데
쓰러져 가는 집
집을 보니
길함도 없고 얻는 것도 없구나
집이 두서가 없으니
세상일이 뜬구름이구나
일들이 여의치 못하니
이것을 어찌 할꼬
집이 산란하니
남녀 간에 해가 있다
허욕을 탐하지 마라
별로 얻는 것이 없다
집이 불안하니 조상에 기도하라

驕慢(교만)하고 잘난 체하는 사람을 멀리해라 - 雲山

선녀의 글

나는
환갑에 시집온
선녀입니다

팔방미인
남편은
詩人이며

배변 가리는 초롱이와
배변 못 가리는 쮸쮸
1남 1녀를 두고 있습니다

벌레 소리 요란한 여름
詩 읊는 소리보다
이놈들 키우는 재미가 쏠쏠합니다

전생에 못 비운 마음
온화하게 웃으며 이제야 비우니
하얀 백일홍 하늘 보고 기뻐합니다

> 귀는 열고 입은 봉하고 마음은 禪(선)에 있어라 - 雲山

내수양

입으로 수양하지 말며
마음으로 수양하라

눈으로 수양하지 말며
정신으로 수양하라

잠자기 전 수양하고
깨어나 수양하라

해를 보고 감사하고
달을 보고 참회해라

남의 부모 넘보지 말고
내 부모 내 조상에 기도하라

수양은 미루면 늦고
오늘 하면 공덕이요 내일 하면 남의 德(덕)이다

> 도를 닦고 악을 멀리하니 길함이 문에 당도하도다 - 雲山

一 하나

달도 하나

꽃도 하나

인생도

하나이니

내 사랑도

하나이구나

사랑이 둘이면 不幸(불행)의 시작이다 - 雲山

삼라만상

삼라만상
변절하는데

누운 바위
숨죽여 있네

한 여인
산 울려 정성 들이니

천 리 밖에
백발의 노인은

인물 나온다며
점괘를 칩니다

허욕을 탐하니 官災數(관재수)를 피하기 어렵다 – 雲山

 가난도

초가집 사는 것도 내 탓이요

가난하게 사는 것도 내 탓입니다

내 탓이 아닌 것은, 몸속에 들어 있는 傲慢(오만)함입니다

가난은 마음의 富者

> 노력하지 않고, 가난하니 조상 탓만 하는구나 - 雲山

보라 꽃

금도 싫고
옥도 싫고
문전옥답도 싫다

나를 위로하는
보라 꽃
한 송이만 있으면 된다

조심해라, 盜賊(도적)은 가까이 있다 – 雲山

꽃아

꽃아 꽃아 꽃들아
내가 죽어 꽃이 된다면
너보다 예쁜 꽃이 되련다

疊疊山中(첩첩산중)에 살면 다툴 일이 없다 - 雲山

웬수

젊어서 말아먹고
환갑에 빌어먹으니

없는 노모 찾아와
모은 돈 달라 하네

이놈
가르쳐 줄 게 없다

꽃이 論語(논어)
꽃을 恩師(은사)로 삼으라

안 풀리면 궂하느니 謙讓(겸양)을 택해라 - 雲山

담장에 핀 꽃

어젯밤 핀 꽃
담장에 피면 어떠하리
기와에 얹혀 피면 어떠하리

예쁘다고
그냥 보시기만 하시지
뚝, 잘라 가면 무엇 하리

내가 피었으니
넋을 잃고
당신이 볼 차례입니다

德(덕)을 기르면 貪慾(탐욕)에서 멀어진다 - 雲山

나뭇잎

어젯밤 부는 바람에
고독한 나뭇잎 떨어져 나가고

함께한 나날 행복했는데
외로움 심어 주고 그대는 떠나갔네

이별 뒤에 내 모습 뒤돌아보니
초라한 뒷모습 눈물 눈물뿐이네

겸손과 청렴의 글 당신이 지금 읽고 있습니다 - 雲山

꽃 마음

뜨거웠다
식는 것이 사랑이고

피었다가
지는 것이 꽃이란다

지는 건 쉬어도
잊는 건 힘들더라

지나가면
향기를 알게 되리라

여유로운 사람은 歲月(세월)이 길게 느껴진다 - 雲山

오월동주

집착에 매달리지 말고
욕망에 매달리지 마라

寤寐不忘(오매불망)
일찍 핀 꽃보다

吳越同舟(오월동주)
늦게 핀 꽃이 아름답다

苦樂(고락)에서 나온 말씀 인생 조언을 읽고 있습니다 - 雲山

접시꽃

유혹하는 접시꽃
용기 내어 입술 내미니

부끄러워하는 손님
빈손 내밀고 갑니다

꽃처럼
인생을 살다 가리오!

營利(영리)를 좇는 사람을 가까이하지 마라 - 雲山

雲山운산

땅에 공덕 쌓으니
하늘에 수양할 차례이네
구름 머물다 가지 않으니
세상 살필 수 없어 은덕 쌓기 어려움이 많네

이보게들 내가 운산에 갔다가 올 테니
겸손을 잃지 말고 지혜롭게 살고 있게나
깨닫게 되면 私慾(사욕)이 없어지고
본마음이 맑아지면 욕망에 유혹되지 않는다네

덧없는 세월 空(공)으로 돌아가니
어서 德(덕)을 깨우치게나

> 雲山 선생은 가르침의 스승이자 은사입니다 - 雲山

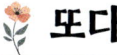 ## 또다시

노을이면 어떠하리
황혼이면 어떠하리
이별이면 어떠하리

내일 다시 뜨는데

슬퍼할 것도 없다
눈물 흘릴 것도 없다
뒤돌아볼 것도 없다

내일 다시 시작하는데

절망하지 마라
태양은 내 편이다

인생을 虛費(허비)하지 마라 - 雲山

冬安居동안거

時句(시구)와 싸우다 붓을 놓으니
절 뒤편 매미도 가고 나뭇잎은 늙음을 택했다
고인 맑은 물은
시끄러운 세상사 이미 잊었노라 고요함으로 빛을 낸다
머릿속에 담긴 글
입으로 전하지 못하니 백문지에 흔적을 남긴다
구슬퍼지는 가을
옷 갈아입는 나무들은 冬安居(동안거)를 향해 재촉하니
이제, 쓸모없는 墨客(묵객)은
세상 좇아 나서지 않고 자연에 몸을 맡겨 순응할 차례라 붓 놓고
떠난다

> 떠남은 만남을 위한 씨앗입니다 - 雲山

고목

고목은 명을 다하고 나서야
꽃과 잎이 헛된 영화였음을
알게 된다

인간은 죽음을 앞두고서야
친구와 재물이
소용없음을 깨닫게 된다

앙상한 소나무
아프다 눈물 흘리고 뼈대만 남기니
바람에 몸을 맡긴다

권세에 발을 들여 놓고
얽매임에서 벗어나기 위해 몸부림치다가
이제야 천지 만물 眞理(진리)의 깨달음을 알게 된다

 첩첩산중에 홀로 머무니
 외로운 달 고목에 걸려 나와 마주하네
 남들은 가을 싫어하지만
 나와 고목은 쓸쓸한 가을 좋아한다네
 인생의 맛은 **老年樂天**(노년낙천)이라네

맺는 말

호박꽃
지고 나니

달랑
호박 두 대 만들었네

운산도
묵필 놓으니

번민 털고
언덕 저편으로 가네

청산이 물으면
억센 붓 놓고 구름 사이로 갔다 하시고

들녘이 물으면
글귀 찾으러 떠났다 하시오

돌아가신 어머님이 물으시면
8월 13날 제삿날 오겠다고 하구려 - 雲山

마무리 글

붓 놓고 또
둥글게 유영을 떠날 때가 되었습니다

시를 찾아 전국을 떠돌고
7천 장이 넘는 사진을 찍었습니다

자연 의학을 멀리하고
묵객이 된 지 다섯 해가 지났습니다

쓸모없는 처사들을 볼 때 야단의 시문이 필요했고
약자를 우습게 보는 가진 자에게는 겸양의 채찍이 필요했습니다

세상은 빠르고 좋아지는데
예절과 겸손은 멀어져 가는 세상에 놓여 있나 봅니다

"동방 예의" 생활 철학은 사라졌고 메말라 버린 예절과 겸손은
인간의 무한한 욕망으로 채워져 있습니다

필자는 인생이 무엇인지 삶이 무엇인지
초탈하게 살아가는 방법을 제시해 보았습니다

겸양과 수양이 무엇인지
거리가 먼 남의 이야기가 아니길 바랍니다

하나의 사진과 句節(구절)에서 도움이 되었다면
감사한 일이며 다 같이 福받을 일입니다

묵객은 이제 산으로 들어가 둥근 삶 둥근 미학을 만들어 내려놓는 무를 연구하는 묵객이 되어 다음 책 『노년의 詩』 필문으로 보답하겠습니다 - 운산 徐東柱

서평

탐독하니 감명받고 겸손과 수행을 깨달았습니다. - 宣光僧侶
좋은 글에 감명받고 버리고 갑니다 - 初夜